Commentaire sur le Discours

PRONONCÉ PAR CAMBACÉRÈS

A la tête du Sénat Conservateur

EN PRÉSENTANT A

NAPOLÉON BONAPARTE

le **SÉNATUS-CONSULTE** dit **organique**

DU 28 FLORÉAL AN XII

Qui proclame ce Corse empereur des Français

NANTES

Imprimerie C. Mellinet — Biroché et Dautais, Succrs

5, Place du Pilori, 5

1903

COMMENTAIRE SUR LE DISCOURS

PRONONCÉ PAR

CAMBACÉRÈS

LE 28 FLORÉAL AN XII

Il a été tiré 54 exemplaires,

numérotés à la presse,

dont 4 exemplaires sur papier de Hollande.

N°

Commentaire sur le Discours

PRONONCÉ PAR CAMBACÉRÈS

A la tête du Sénat Conservateur

EN PRÉSENTANT A

NAPOLÉON BONAPARTE

le **SÉNATUS-CONSULTE** dit **organique**

DU 28 FLORÉAL AN XII

Qui proclame ce Corse empereur des Français

NANTES

IMPRIMERIE C. MELLINET — BIROCHÉ ET DAUTAIS, SUCC^{rs}

5, Place du Pilori, 5

—

1903

Ce commentaire, écrit au lendemain et sous l'impression immédiate de l'acte qui substituait à la République un empire héréditaire, exprime, dans sa forme véhémente des sentiments qui furent, à n'en pas douter, ceux de tous les hommes dévoués et restés fidèles aux principes de la Révolution. On y trouve, en outre, le témoignage direct d'un homme appelé par sa position à prendre part aux conseils du gouvernement du Directoire et propre à jeter quelque jour sur certains points discutés de l'histoire de cette époque. A ce double titre il a paru présenter un réel intérêt. Son auteur est :

FRANÇOIS-SÉBASTIEN LETOURNEUX

Avocat à Nantes, né à Saint-Julien-de-Concelles, le 3 octobre 1752, qui fut successivement :

Mai 1790. — Procureur général, syndic près la commune de Nantes.

An IV, 29 brumaire. — Commissaire du pouvoir exécutif du département de la Loire-Inférieure.

An V, 28 fructidor. — Ministre de l'Intérieur.

An VI, 29 prairial. — Membre de la Régie de l'enregistrement.

An VII, 27 germinal. — Député au Corps législatif,

membre du Conseil des Anciens.

An VIII, 12 floréal. — Juge au Tribunal d'appel de Rennes.

Décédé à Saint-Julien-de-Concelles en 1814.

E. LETOURNEUX.

DISCOURS

PRONONCÉ PAR CAMBACÉRÈS

A la tête du Sénat Conservateur

EN PRÉSENTANT A

NAPOLÉON BONAPARTE

LE **SÉNATUS-CONSULTE** DIT **ORGANIQUE**

DU 28 FLORÉAL AN XII

Qui proclame ce Corse empereur des Français

« *At Romæ ruere in servitium consules, patres*
» *eques, quanto quis illustrior, tanto magis falsi*
» *ac festinantes.* »
(TACITE, Annales, lib. I, cap. 7).

Cambacérès, avocat, député, siégeant au côté gauche de l'Assemblée constituante, nommé à la Convention nationale, où, après avoir, avec les autres, proclamé l'abolition de la royauté en France, il vota la mort du roi; réélu au corps législatif de l'an IV, ministre de la Justice au commencement de l'an VIII; second consul pour 10 ans par la constitution de la même année; puis consul à perpétuité par le sénatus-consulte du 16 thermidor, an X, enfin devenu archichancelier de l'Empire par celui du 28 floréal, an XII : *Ecce homo*. Quel changement lui reste-t-il à subir que de devenir un homme de bien ? C'est un célibataire débauché dont le cœur, les mœurs et les gouts sont à un égal degré de corruption ; digne de figurer à la Cour d'*Auguste*, peinte par Horace.

.....Presto puer impetus in quem
Continuo fiat ....

Qu'attendre de vrai d'un homme qui a tout pris à rehours jusqu'à la nature ?

« SIRE,

» Mot barbare dont l'éthymologie la mieux accréditée est rapportée au mot latin *herus*, qui signifie *maître*, par opposition à serf ou esclave ; mot consacré aux Rois ou Empereurs par la bassesse et l'adulation. Il était digne de Cambacérès, l'égal hier de Bonaparte, d'ambitionner l'honneur de lui adresser aujourd'hui le premier ce titre, que lui-même avait avili dans le dernier de nos rois, et qu'avant lui l'Assemblée législative de 1791 avait énergiquement proscrit de la langue française. Ce titre pourrait se présenter sous de plus favorables auspices et surtout être recréé par un organe plus pur. *Videbitur infra*.

« Le décret que le Sénat vient de
» rendre, et qu'il s'empresse de pré-
» senter à Votre Majesté Impériale,
» n'est que l'expression authentique
» d'une volonté déjà manifestée par
» la Nation. »

» *Le décret !* qui a donc donné au Sénat le pouvoir de rendre ce qu'il appelle ainsi ? Le principe de la *représen-*

tation existe encore à côté de la *souveraineté* du *peuple.* Certes, le Sénat ne pouvait, de son rropre vouloir, décréter ni proclamer un Empereur. Tous les pouvoirs du Sénat sont dans la *Constitution,* puisque c'est par elle qu'il a été créé. La Constitution de l'an VIII, telle qu'elle soit, et sans tenir compte de la violence à laquelle elle doit son origine, ne déléguait au Sénat que le soin et le pouvoir de la conserver : c'est de là qu'il emprunte son titre de *conservateur.* Décréter un gouvernement sous la forme et les attributs de la puissance *impériale unique* et héréditaire, est-ce donc faire un acte conservateur de la Constitution, qui établit un gouvernement *représentatif, trinitaire, décennal* et *électif?* La question de droit n'est même pas proposable ; le Sénat la résout par le fait. Qu'il ait du moins la pudeur de son être, et qu'il n'ajoute pas aussitôt que son décret est l'expression authentique d'une volonté manifestée par la Nation ! Alors c'est un *plébiscite* et non un sénatus-consulte qu'il fallait énoncer. Quand on dérobe à une autre langue ses expressions, à un peuple célèbre ses institutions, on devrait au moins imiter la justice des uns et conserver toute la force des autres.

» *L'expression authentique d'une volonté déjà manifestée par la Nation* » ? Que le Sénat nous montre donc l'acte qui énonce et constitue cette volonté ! Où, quand, comment s'est-elle manifestée ? Dans quels *comices,* les *centuries* ou les *tribus* du peuple ont-elles demandé un Empereur au Sénat ?

Lorsque Auguste prit sous ce titre le Gouvernement de la république romaine : *cuncta discordiis civilibus fessa nomine Principis sub imperium accepit,* dit Tacite ; si le Sénat le souffrit, au moins l'historien n'ajoute-t-il pas que le Sénat décora cette prise de possession d'un *sénatus-consulte organique* à la manière de notre Sénat français. Nous ne sommes pas encore des Romains, même de l'époque d'Auguste.

La Nation, dites-vous? Vous appelez ainsi cinquante misérables tribuns, qui auraient trahi, à la face du peuple, le premier, le plus saint des devoirs, celui de défendre ses droits et sa liberté? Mais ce n'était pas les tribuns du peuple, c'étaient les tribuns de la Constitution de l'an VIII et du Sénat. Ils n'étaient même plus qu'un reste mutilé de ce prétendu tribunat : lisez votre décret dû 16 thermidor, an X. Avant celui-là on n'avait pas vu des Tribuns que le Sénat créait et qu'il éliminait à son gré. C'est la puissance du peuple tournée en dérision par un insolent patriciat!

La Nation ! Vous appelez ainsi trois cents législateurs, sans caractère politique, et sans voix, qui n'étaient pas même assemblés, qui ne pouvaient et ne devaient délibérer, et dont toute l'énergie réside dans le dévouement servile d'un président que nomma votre empereur lui-même.

La Nation ! Vous appelez ainsi sans doute vos propres sénateurs, déjà deux fois frappés par le pouvoir absolu et battant en retraite devant ce vigoureux athlète, des sénateurs ambitieux par ailleurs, ou dégradés qui, la main ouverte et un genou en terre, aspiraient à toutes les dignités, à toutes les faveurs, à toutes les richesses dont peut les doter cette puissance impériale !

» **La Nation !** Vous appelez encore de ce nom quelques collèges électoraux formés de la plus pure aristocratie, ou plutôt de la plus vile, puisque c'est celle des riches ; quelques dominateurs ambitieux de ces assemblées antipopulaires, dirigées par les envoyés de celui-là même qu'il s'agissait d'élever au trône impérial. Mais encore quelle garantie donnerez-vous de la fidélité des vœux de ces corps, dont l'expression a passé par de tels organes, exclusivement entendus à l'audience de la Cour impériale.

» **La Nation!** Enfin, appelez-vous aussi la tourbe servile et imitatrice de vos employés, de vos bureaux, de tous vos agents stipendiés déjà par ce pouvoir résolu d'arriver à la suprématie? Oh! si c'est là une nation, ce n'est du moins pas le *peuple Français* sous la République?

» L'histoire ne répétera pas le langage de M. Cambacérès et elle départira à son Sénat l'honneur tout entier de la proclamation d'un empereur, en y retranchant pourtant ce qui appartient à la *Grâce de Dieu*, si heureusement appelée à cette grande œuvre!

Votre Majesté Impériale.

» Il fallait bien que ces mots arrivassent à leur tour; ils étaient la suite du premier titre : « Sire ». Nous n'examinons plus ici la justesse ni la propriété de l'expression, nous reconnaissons leur mutuelle dépendance; et ce n'est pas de savoir comment elles sonnent à des oreilles républicaines qu'il s'agit maintenant, mais il faut rendre hommage à une qualité éminente, c'est le courage qu'il a eu de les proférer. A sa place, une sueur froide aurait percé nos os. En relevant des titres flétris sur l'échaffaud du 21 janvier et traînés dans la boue révolutionnaire depuis près de douze années, quel éclat subit est donc venu les environner? Quel charme a pu s'en emparer avec tant de rapidité? Long sujet de méditation pour les esprits qui s'occupent des vicissitudes humaines! Hélas! les majestés mêmes sont donc sujettes à la mort. Est-ce bien la peine d'en ambitionner le titre?

« Ce décret qui vous défère un
» nouveau titre et qui, après vous,

» en assure l'hérédité à votre race,
» n'ajoute rien ni à votre gloire ni à
» vos droits. »

» Voilà peut-être ce que l'orateur a dit de plus vrai et de plus raisonnable dans tout son discours. On croit avec lui que le pouvoir de Bonaparte ne s'est pas avancé d'une ligne. Alors, pourquoi créer un titre en proclamant son inutilité ? Non seulement *le décret de la puissance impériale* n'ajoute rien à la gloire de Bonaparte, mais il la diminue et la dénature en la transportant de l'homme qui l'a conquise à l'Empereur qui n'a rien fait pour elle. On ne sait pas s'il y a de l'intention dans cette phrase, mais il n'y a pas d'adresse dans la flatterie ; elle seule aurait pu inspirer du dégout pour le nouveau titre offert par le décret.

» Une conséquence ultérieure autoriserait à regarder le Sénat comme un insolent et son décret comme un manque de respect envers la *Majesté Impériale*, si on ne voyait l'hérédité mêlée à tout cela. Oh ! sous ce rapport, il y a du moins quelque chose d'ajouté à la *gloire et aux droits de la race*. Notre premier jugement était précipité ; nous le rétractons et nous faisons amende honorable à l'esprit du Sénat.

» Notre réparation doit aller plus loin : nous confessons l'utilité du décret par les accompagnements du nouveau titre, qui appellent tant d'autres dignités secondaires avec leurs riches dotations. A la vérité, elles n'ajoutent rien à la gloire de l'empereur, encore moins au bonheur du peuple, mais elles ajoutent à l'illustration de nouveaux patriciens ; n'en est-ce pas assez ? et qu'importe au Sénat que le peuple doive payer un peu cher tous ces honneurs ? La splendeur du Gouvernement est-elle comparable à quoi que ce soit ? Oui, Messieurs les Sénateurs, vous faites bien et toujours bien.

« L'amour et la reconnaissance du
» peuple français ont, depuis quatre
» années, confié à Votre Majesté les
» rênes du Gouvernement et les Cons-
» titutions de l'Etat se reposaient
» déjà sur vous du choix d'un suc-
» cesseur. »

» Il y a dans cette phrase je ne sais quoi de louche, qu'on n'y trouverait pas sans la *Majesté*, qui gêne le style de l'orateur : il n'y avait qu'une minute que cette Majesté venait de naître, et on met sur son compte des faits de quatre années : cela est embarrassant à concilier, mon cher monsieur Cambacérès. Vous auriez pu dire cependant que, depuis quatre années, les rênes du Gouvernement étaient confiées à Bonaparte ; l'expression eût été tout aussi noble et le tour plus oratoire peut-être ; elle eût été juste du moins : il est fâcheux qu'on ait à relever, dans un discours aussi grave et destiné à l'histoire, une de ces fautes de style que l'ancienne Académie même aurait su éviter ; mais ils sont tous comme cela, nos orateurs impériaux. François de Neufchâteau n'a-t-il pas depuis, dans un discours pareil, fait quelque chose de plus sublime encore ? Il avait prévu, en le composant, qu'en certain endroit il serait saisi d'une émotion telle qu'il répandrait de belles larmes. En effet, il a pleuré à cet endroit avec une précision toute admirable, et cet incident larmoyant est devenu à propos la source d'une interruption oratoire que le harangueur n'a pas manqué de faire valoir à *Sa Majesté :* scène si touchante pour l'empereur que, pour consoler le pleureur, il l'a doté immédiatement d'une belle sénatorerie. La mode de pleurer dans les harangues en viendra sans doute !

» Ce que c'est qu'une *Majesté* en présence : cela fait tourner les meilleures têtes et déraisonner les esprits les plus calmes. Insensés ! Moquez-vous à présent du statuaire tremblant aux pieds de son Maître des Dieux !

..... *Mutato nomine de te*
Fabula narratur ....

» S'il est vrai que Bonaparte a fait des choses qui ont mérité l'*amour* et la *reconnaissance* du peuple français, c'est avant, bien plutôt que depuis que les rênes du Gouvernement ont passé dans ses mains. L'époque brillante de sa vie est même antérieure à son voyage en Egypte. Mais si, consultant les convenances du moment où il parlait autant que la vérité de l'histoire du héros, le harangueur Cambacérès se fût rappelé les propres paroles de Bonaparte, au 18 Brumaire, disant au Conseil des Anciens et devant d'autres Sénateurs que ceux d'aujourd'hui : « On parle de César, on parle de » Cromwel, on parle de Gouvernement militaire....., je » déclare que, ceci fini, je ne serai plus rien dans la » République que le bras qui soutiendra ce que vous » aurez établi ». Cambacérès, disons-nous, aurait eu moins de confiance à vanter au nouveau César des titres au pouvoir suprême dont il avait fait lui-même une abdication solennelle. On ne peut croire que Bonaparte ait oublié si tôt des promesses aussi conformes à son caractère de modération. En tout cas, ce n'est pas le flatter que de l'obliger à s'en souvenir ; c'est lui parler comme parlera l'histoire. Cambacérès est-il fait pour tenir un pareil langage ?

» J'aime mieux rappeler à son maître *les Constitutions* de l'Etat. Mais qu'est-ce donc que des Constitutions ? Un Etat seul peut-il en avoir plusieurs à la fois ? Voilà encore du nouveau. Un Gouvernement vraiment constitué a une Constitution. C'est lorsqu'on lui en suppose plusieurs qu'on doit craindre qu'il n'en ait véritablement aucune.

» Les Etats-Unis ont une Constitution ; la France en avait une en 1791 ; elle en avait une en l'an III. Elle paraît en avoir une en l'an VIII ; à aucune de ces époques, on n'a dit ni imprimé *les Constitutions* de la France. Pourquoi ce changement de langage et de style en l'an XII ? Monsieur Cambacérès, il y a un piège dans ces mots-là et nous nous défions de votre éloquence.

» Avant la Révolution aussi, on ne parlait d'autre chose que des Constitutions de la Monarchie : on voulut les voir, les rassembler : les Chartes nationales étaient une chimère. Voudrait-on nous ramener au même point par le même chemin? Ce n'est que trop visible.

» Que plait-il à M. Cambacérès d'appeler des *Constitutions* de l'Etat ? Ces décrets, sans doute plus ou moins discordants pour lesquels on a inventé l'heureux nom de *Sénatus-Consulte organique*. C'est en effet sur un décret de ce genre que l'orateur fixe notre attention en parlant de la désignation et du choix d'un successeur. Accordez le principe que ce sont là des Constitutions et voyez où les conséquences vont nous conduire.

» Ce sont des Constitutions de l'Etat. Or, ce sont aussi les œuvres du Sénat et des actes de son propre mouvement : donc il sera loisible au Sénat de faire autant de pareilles Constitutions qu'il voudra, et voilà subitement un corps constituant, un atelier de constitutions très actif, en permanence dans l'Etat. Quelle monstruosité politique !

» L'Assemblée constituante, qui valait bien sans doute le Sénat conservateur de l'an VIII, avait des principes bien différents. Aussitôt que la Constitution qu'elle avait faite eût été acceptée par le Roi, elle déclara, par un décret solennel, qu'elle n'y pouvait plus rien changer ; et depuis, soumise à sa propre loi, elle n'exista plus que comme Corps législatif jusqu'à son remplacement. La Convention professa la même doctrine et donna le même exemple ; si elle fit des lois organiques pour faire marcher la Constitution, ces lois elle ne les appela pas des Constitutions.

» Les seuls décrets des 5 et 13 Fructidor furent qualifiés Constitutionnels, parce que, de même que la Constitution, ils furent présentés au peuple et reçurent sa sanction dans des Assemblées libres et bien légales. Comment M. Cambacérès, comment plusieurs de ses collègues au Sénat, qui furent membres de ces deux Assemblées nationales, ou tout au moins membres de l'une ou de l'autre, ont-ils mis si vite ces choses-là dans un si parfait oubli ?

» Une Constitution, ou *des* Constitutions, pour parler leur langage, sont des articles proposés à la sanction du peuple et revêtus de son acceptation ; or, les sénatus-consultes organiques ne sont point soumis à cette épreuve ni dépendants de ce consentement ; le Sénat peut donc, comme il lui plaît, *constituer* et *déconstituer* l'Etat en se passant du peuple et en se moquant de lui. Oh ! pour le coup, Monsieur Cambacérès, c'est trop imprudent : vos insinuations perfides sont à découvert. Vous seul et vos semblables pouvez décorer du nom de Constitutions de l'Etat vos plâtrages organiques ; il restera démontré en principe et en raison que ce ne sont que des décrets d'un Sénat, qui n'a lui-même d'existence politique que *par* la Constitution et *pour* la Constitution et qui, dès qu'il s'est mis au-dessus ou contre elle, en a été dehors. Bien loin de faire des Constitutions dans l'Etat, votre Sénat n'y serait qu'une tyrannie violente qu'on devrait en chasser pour l'honneur même de la Constitution.

» C'est avec cette logique que toutes les usurpations s'établissent et croient se légitimer. Erreur : tout cela ne dure pas plus que la force qui en est le principe ; ce sont les liens de Dalila, que l'Hercule hébreu rompt comme un fil à son premier réveil.

« La dénomination plus imposante, » qui vous est décernée, n'est donc » qu'un tribut que la Nation paie à » sa propre dignité et au besoin » qu'elle sent de vous donner chaque » jour des témoignages d'un respect » et d'un attachement que chaque » jour voit augmenter. »

» Pompeux galimathias et rien de plus ! C'est le fort de M. Cambacérès. Analysons, c'est le plus court et le plus sûr moyen. L'analyse ne laissera à nu qu'une plate et dégoutante flagornerie.

» *Un tribut que la Nation paie à sa propre dignité.* Le beau contraste ! mais la dignité d'une nation ne dérive pas de la dénomination plus ou moins imposante qu'elle donne à un de ses membres : c'est la dignité de celui-ci qui vient de l'autre et qui la suppose. La véritable et la seule dignité d'une nation est surtout l'exercice et la pleine puissance de sa souveraineté. Singulière manière de composer et d'augmenter l'une en se dépouillant de l'autre !

» Voilà, selon M. Cambacérès, le tribut que la dignité nationale se paie à elle-même. Il conviendra du moins que, pour être fort harmonieux, cela n'est pas fort intelligible. Mais qui a de l'esprit comme M. Cambacérès ? Il fait des miracles avec la parole. Ici, il prouve clair comme deux et deux font quatre que la partie est aussi grande que le tout, que le cercle s'étend en rétrécissant la circonférence et que l'expansion de la lumière vient de la convergence des rayons. Grâces lui soient rendues d'une si heureuse théorie politique !

» Cependant, cette *dignité nationale* que va rehausser la *dignité impériale*, doit quelque part être convertie en *tribut*, cela est inévitable, puisqu'un si grand génie l'assure. Et oui ! ce tribut bien effectif que la nation paiera à sa propre dignité, sera cent bons millions par an que lui coûtera cet éclat impérial, ce qui, on le voit, n'est pas une dignité si frivole ; mais pour le coup, les grands amateurs de notre dignité nous dispenseront de la reconnaissance.

» Ils dispenseront aussi la Nation du respect... Quel mortel, s'il n'est un fou, peut se présenter à une nation toute entière comme un objet de respect ? C'est à la Nation que le respect est dû : elle n'en doit à aucun de ses membres, si haut qu'elle puisse l'élever, car il est son ouvrage, et le créateur ne se prosterne pas devant l'œuvre de sa volonté ou de sa main ; il faut être la divinité pour avoir droit au *respect* des Nations. Cambacérès, le vil Cambacérès vient de blasphémer. C'est un impie, c'est un esclave !

« Et comment le peuple français
» pourrait-il trouver des bornes pour
» sa reconnaissance, lorsque vous-
» mêmes n'en mettez aucunes à vos
» soins et à votre sollicitude pour
» lui ? »

» La question, Monsieur Cambacérès, n'est pas soluble et elle ne prouve que la dégradation de votre être.

» Le peuple français ne doit pas, *par reconnaissance*, aller jusqu'à se donner un maître. Sous ce rapport, vous le savez, l'ingratitude même est la vertu nécessaire d'un peuple libre. Que celui que la République a honoré de la magistrature suprême ne mette *aucunes bornes à ses soins et à sa sollicitude pour elle,* il ne fait que son devoir; il répond à la confiance et à la volonté du peuple, son souverain. La félicité publique et la prospérité de l'État, qui sont son ouvrage, sont aussi sa récompense; il en est indigne, il a déjà trahi le peuple, s'il ambitionne un autre prix. La Chose publique n'était plus l'objet de ses services : ses intentions l'accusent, ses prétentions le condamnent; et c'est sur ces titres là, Monsieur Cambacérès, que vous fondez le trône impérial! Vous auriez du vous taire; vous avez flétri d'un seul mot toute la gloire et détruit tout le mérite de votre héros!

> « Comment pourrait-il, conservant
> » le souvenir des maux qu'il a souf-
> » ferts, lorsqu'il fut livré à lui-même,
> » penser sans enthousiasme, au bon-
> » heur qu'il éprouve depuis que la
> » Providence lui a inspiré de se jeter
> » dans vos bras? »

» Ici, Monsieur Cambacérès nous parle de *souvenirs, de maux passés.* Oui, sans doute la Révolution a laissé des souvenirs, elle a produit des maux : le savant orateur trouverait-il une autre révolution qui n'ait pas eu les siens? Au moins n'est-ce pas lui, ni ses collègues, ni ses protégés qui auraient le plus à s'en plaindre. Est-ce pour des *maux* que sa pitié se réveille? Elle serait un peu tardive; et il n'y a peut-être pas une des généreuses victimes de cette révolution, qui ne dédaignât la fausse sensibilité de M. Cambacérès.

» Eh! d'où sont-ils venus *ces maux que le peuple a soufferts?* ce n'est pas de ce *qu'il a été livré à lui-même;*

Cambacérès ment à sa conscience en le disant ; ils sont venus bien plutôt de la résistance opiniâtre opposée par tous les vices et par tous les souvenirs de la dignité royale à ce que le peuple recouvrât ses droits et fût enfin compté pour quelque chose. Singulier remède à ces maux, M. Cambacérès, que de substituer à leur cause première une autre dignité toute pareille dans ses effets avec un titre plus pompeux !

» Partisans modernes du Gouvernement d'un seul, si contraires à vous-mêmes quand on vous regarde dans un temps encore bien peu éloigné, vous calomniez le peuple toutes les fois que vous l'accusez d'être l'auteur de ses propres maux ! Le peuple, n'eût-il que l'instinct de sa conservation et de son bien-être, ne peut vouloir ou faire son mal. C'est votre fausse politique qui vous trompe, ou plutôt, c'est votre hypocrite ambition, qui vous suggère une pensée que la nature seule repousse. Cherchez donc une époque de cette révolution, une seule époque et la plus désastreuse, où les maux de la multitude ne soient pas clairement, visiblement, l'effet non de sa propre impulsion, mais l'ouvrage de ses faux amis, et de ceux qui (vous les premiers peut-être), s'emparaient de sa confiance pour en abuser, l'agitaient, l'égaraient, l'éloignaient de la route du bonheur, auquel il tend d'une manière aussi nécessaire que la gravitation des corps les fait tendre vers le centre ! Vous-mêmes, avant ces deux ou trois mois derniers, aviez-vous jamais tenu un autre langage ? Et n'était-ce pas là le champ de ce que vous appeliez vos idées libérales ? Croyez-vous qu'on ait aussitôt oublié vos discours, vos maximes ? Et pourquoi ce masque nouveau que vous voudriez bientôt jeter à bas, si le peuple se remontrait ce qu'il doit toujours être, c'est-à-dire, notre souverain ?

» Mais à côté de ces maux, que vous rappelez aujourd'hui avec une affectation si perfide, et dont le sentiment vous est si étranger, au moins fallait-il placer les biens, qui ont aussi accompagné cette révolution du *peuple livré à lui-même*. Le premier, ingrats, n'est-il pas de vous avoir tirés vous-mêmes du néant politique où la monarchie vous tenait ensevelis? Et dites-nous quels temps furent plus féconds en grandes actions, en sacrifices généreux, en vertus publiques? Contesterez vous à l'histoire ces dix ou douze années de révolution, comme l'époque la plus mémorable des fastes d'aucun peuple? *La grande Nation*, ainsi que vous la nommez encore, en l'avilissant de tout votre pouvoir, n'a-t-elle donc existé précisément que lorsque Bonaparte a paru? Le peuple français n'est-il connu que du 13 Vendémiaire an IV, et son immortelle célébrité n'est-elle pas plus reculée dans les temps? N'est-ce enfin que du 13 Brumaire de l'an VIII, que date l'ère de sa grandeur? Ne dites donc pas que la Providence n'a tout fait pour son bonheur et sa gloire que du jour où elle a inspiré au peuple de se jeter dans ses bras! Une nation toute entière se jetant dans les bras d'un seul homme! Quelle délirante image!

» Enthousiasme à part, ce général a pu faire à son tour de grandes choses : mais il n'a pas tout fait. Il ne faut pas flétrir tous les lauriers cueillis avant les siens, dégrader toutes les actions dont l'éclat a préparé sa réputation et lui a servi de modèle, ni accaparer pour sa gloire toutes les gloires nées avant elle. Il ne faut pas surtout composer un homme hors de toutes les proportions naturelles, qu'on se plaise à montrer et à proclamer plus grand que tout une nation! Messieurs les flatteurs, voilà comme on corrompt les meilleurs naturels et souvent comme on perd les hommes. Mais Bonaparte lui-même ne vous croit pas ; il voit bien que c'est votre intérêt qui vous inspire un langage si outré et il vous méprise peut-être encore plus que vous ne l'encensez.

« Les armées étaient vaincues, les
» finances en désordre, le crédit pu-
» blic anéanti ; les factions se dispu-
» taient les restes de notre antique
» splendeur ; les idées de religion et
» même de morale s'étaient obscur-
» cies ; l'habitude de donner et de
» reprendre le pouvoir laissait les
» magistrats sans considération et
» même avait rendu odieuse toute
» espèce d'autorité. »

» Enfin voilà des faits ; l'orateur commence ici à chercher des preuves ; la démonstration est toujours l'écueil des plus beaux discours ; il faut d'abord y trouver la vérité de chaque assertion mise en avant. Malheureusement, notre cher Cambacérès n'est pas plus certain sur les faits qu'appuyé sur les principes. Notre explication sera un peu longue ; le point est important ; il s'agit d'écrire pour la postérité à laquelle on ne saurait mentir. *Les armées étaient vaincues ;* sans doute on veut parler de l'époque du 18 brumaire an VIII ; il faut s'environner ici de tous les documents relatifs à cette époque.

» D'abord, sous le titre d'armées vaincues, on ne prétendra pas compter à la charge du Gouvernement qu'on renversa alors l'armée d'Egypte. Ah ! la voilà cette expédition si funeste à la France, où tant de millions de numéraire et tant de milliers de braves ont été engloutis avec les restes de notre marine !

» Cause première et peut-être unique de nos désastres

en Europe et par l'élite de troupes et de généraux qu'elle enleva à l'armée et par les sommes immenses qu'elle coûta au trésor public, dans le temps de la plus grande gêne pour les finances!

» Mais cette expédition fut tout entière pour l'entreprise et pour la conduite l'œuvre du génie de Bonaparte, et fut, quoi qu'on en ait pu dire dans le temps, impérieusement commandée par lui au Directoire exécutif, qui, avec tout autre général que Bonaparte, impatient de toute contradiction, l'aurait au moins différée, tant l'exécution en était intempestive et peu conciliable avec l'état politique intérieur et extérieur de la République. Mais Bonaparte était revenu d'Italie avec son plan tout formé pour cette expédition ; il ne voulait pas y trouver d'obstacles : la difficulté même de l'entreprise était une cause d'irritation de ses désirs vers un projet où il voyait d'autant plus de gloire pour lui, que le commun des hommes y apercevait moins d'apparence de succès. Il dédaignait désormais des victoires trop faciles pour lui sur le continent de l'Europe; cette carrière lui paraissait épuisée : nouvel Alexandre, un nouveau monde l'appelait. Ceux qui, placés à cette époque auprès du Gouvernement, avaient quelque part à l'Administration publique, peuvent attester la vérité de ces faits : je les garantis pour ma part et mon témoignage n'est pas suspect.

» Le trésor public était tellement hors d'état de pourvoir aux frais de cet immense armement, qu'on n'imagina pas d'autre expédient que d'ouvrir un emprunt de 80 millions, déguisé sous le nom d'*emprunt contre l'Angleterre ;* c'était ainsi qu'on donnait ou qu'on crut donner le change sur la véritable expédition projetée. Ce fut encore une idée de Bonaparte, il travailla chaudement à réaliser, à accélérer cet emprunt. Les banquiers de Paris furent assemblés chez le Ministre des finances : c'était Bonaparte qui recevait leurs propositions, qui excitait leur zèle. On tomba d'accord dans une nuit ; les banquiers présents firent des soumissions plus ou moins considérables ; Bonaparte écrivit son nom et fit tout le premier une souscription de 20 mille francs, ou de 20 actions ; j'en fis une pour mon compte de dix mille francs, que je réalisai peu de jours après. Du reste, on sait que cet emprunt ne réussit point, et qu'il fut retiré après un certain temps ; preuve sans doute du discrédit public ; mais il n'en fallut pas moins au directoire trouver les moyens de faire l'armement, en forçant par ailleurs toutes les ressources en finances : le départ de l'expédition eut lieu dans le mois de prairial de l'an VI.

» Bonaparte possède une âme très ardente ou plutôt il en est possédé. Son caractère s'est développé sous ces traits depuis le 18 Brumaire, de manière à ne laisser aucun doute à cet égard. Soldat ou magistrat, il marche *au pas de charge ;* c'est ainsi qu'il renversa le Directoire avec le corps législatif dont alors j'étais membre.

» Il était tellement préoccupé de son grand projet, qu'il ne se souvint pas que le traité de Campo Formio, qui était son ouvrage, l'appelait au congrès de Radstadt, en qualité de plénipotentiaire de la République française ; ou s'il s'en souvint un instant, ce ne fut que pour faire naître le prétexte de ne pas s'y rendre, en refusant, de la manière la plus absolue, de recevoir des instructions et des ordres de la part du Gouvernement. Ce fait, connu d'un petit nombre de personnes, n'en est pas moins certain.

» Combien donc sont éloignés de la vérité ceux qui, encore aujourd'hui, croient et soutiennent que l'expédition d'Egypte fut une espèce d'ostracisme auquel le condamna la jalousie ou la crainte du Directoire exécutif. Comme si ce Directoire, qui n'a peut-être mérité que le reproche de trop de faiblesse dans cette affaire où les destinées de la France étaient tout entières, eût eu le pouvoir, s'il en eût eu la volonté, de forcer Bonaparte à passer en Egypte ! Bonaparte, alors, ne faisait que trop que ce qu'il voulait ; on peut se rappeler son immense popularité et l'engouement général qui enveloppait son nom et sa personne, choses qu'il déguisait bien sous le titre modeste de *Membre de l'Institut national ;* le premier et presque le seul qu'il affectait de porter. Qui, dans le temps, n'en fut pas la dupe ? Mais ils savait bien lui quelle était sa puissance.

» Il aurait fallu d'ailleurs que la conception du projet sur l'Egypte fût venue du Directoire, dans l'hypothèse que l'on combat, et j'ai déjà dit à qui elle appartenait. On peut demander à Monge, aujourd'hui membre du Sénat conservateur et alors commissaire en Italie pour les arts et monuments, à la suite de l'armée, où et comment pour la première fois cette idée germa dans la tête du général Bonaparte. Ce fut à peu près vers le temps où fut conclu avec le pape le traité de Tolentino. Je tiens de Monge lui-même ces détails qu'il m'a confiés au mois de frimaire an VI, c'est-à-dire à l'époque où Bonaparte vint à Paris, si bien fêté en présentant la ratification du traité de *Campo-Formio.* Le projet d'expédition pour l'Egypte était déjà à l'ordre du jour, dans le cabinet du Luxembourg, à la suasion du vainqueur d'Italie.

» Voilà les faits : maintenant il faut en peser les conséquences. Si 50,000 hommes, l'élite de nos vieilles bandes, avec les généraux qui leur furent attachés au choix du chef de l'expédition, ont péri dans cette contrée, si cent millions que l'expédition a pu consommer ont mis à sec le trésor public et jeté toutes les parties de l'Administration publique dans la détresse et la pénurie ; si les restes de notre marine ont été perdus à Aboukir ; si Bonaparte a abandonné cette armée qui s'était liée à lui, et avec laquelle il s'était lié sous le serment de *périr ensemble ou revenir vainqueur*, s'il l'a quittée au moment le plus critique, en cachant soigneusement son dessein et son départ ; si, pour avoir eu le courage de s'en plaindre, Kléber a succombé : si, enfin, au 18 Brumaire, la France était dans cet état déplorable, qu'a peint si vivement l'orateur Cambacérès, l'histoire véridique n'en réclame-t-elle pas Bonaparte comme première et principale cause? En réparant ce déluge de maux, qu'aurait-il fait de plus beau que d'effacer les suites de sa téméraire et folle entreprise? Il ne faudrait donc pas rejeter sur le Gouvernement qu'il a abattu ce jour là tous les désastres de cette époque, et en faire son acte d'accusation ; il faudrait encore moins compter à Bonaparte cette journée et ce qu'il a fait depuis parmi ses titres de gloire et ses droits *de conquête du pouvoir suprême !* On aurait tout au plus à le féliciter d'avoir sauvé son pays après l'avoir imprudemment mis aux bords de l'abîme ! Mais Cambacérès n'exprime pas même la vérité des faits, à l'époque du 18 Brumaire an VIII.

» Nous n'écouterons point cet enthousiaste admirateur de la dignité impériale dans la légèreté de ses assertions, nous puiserons à la source la plus respectable et dans les monuments les plus authentiques, la preuve qui dément sa phrase : « les armées étaient vaincues ». Sans remonter au-delà du premier vendémiaire de l'an VIII, nous trouvons dans les archives nationales du Corps législatif et dans un intervalle moindre de 30 jours, jusqu'à 10 décrets qui proclament les victoires de nos armées, sous cette belle et simple formule : « qu'elles ont bien mérité de la patrie ».

» Qu'on lise le tableau suivant les pièces à la main :

» *2 Vendémiaire an VIII.* Décret pour l'armée française en Batavie ; nouveaux témoignage de reconnaissance nationale pour de nouvelles victoires.

» *8 Vendémiaire.* — Décret pour l'armée française en Helvétie ; la reconnaissance doit suivre sans cesse nos armées victorieuses.

» *11 Vendémiaire.* Décret pour l'armée française en Helvétie pour le nouveau triomphe de l'armée de la République en Helvétie.

» *14 Vendémiaire.* Décret pour l'armée d'Orient ; la reconnaissance nationale doit suivre nos armées dans leurs courses rapides et victorieuses.

» *19 Vendémiaire.* Décret pour les armées françaises en Orient, en Batavie et en Helvétie ; nouveaux triomphes de ces armées qui pénètrent tous les cœurs d'admiration et de reconnaissance.

» *22 Vendémiaire.* — Décret pour les armées du Danube et du Rhin : nouveaux avantages remportés par ces armées. Rien ne peut rendre l'expression de la reconnaissance nationale.

» *24 Vendémiaire.* — Décret pour l'armée française en Batavie, pour les nouveaux succès remportés sur les Anglo-Russes..

» *6 Brumaire.* — Décret pour l'armée française de Batavie; capitulation de l'armée Anglo-Russe : évacuation du territoire et des mers de la Batavie.

» *8 Brumaire.* — Décret pour l'armée d'Italie ; différents avantages remportés par cette armée.

» *19 Brumaire.* — Décret pour l'armée du Rhin : nouveaux avantages remportés par cette armée.

» Il serait difficile, pour ne pas dire impossible, en parcourant la glorieuse nomenclature des victoires de nos armées pendant la révolution de rencontrer une époque où elles se serrent et se rapprochent de plus près dans un espace aussi court de temps.

» Et c'est à cette époque-là, Monsieur Cambacérès, que, pour flatter votre nouvel empereur, bien instruit du contraire, vous venez dire que « toutes nos armées étaient vaincues » ! Un anglo-russe ne tiendrait pas un autre langage ! C'est ainsi que vous retournez la médaille en tout : mais vous et votre Sénat ne savez que tromper et mentir. Force de l'habitude, mon cher Monsieur, qui vous fait répéter insolemment ce qu'on a dit perfidement au 18 Brumaire, pour justifier ce que l'on voulait faire et que l'on fit ce jour-là. Quelques jours plus tard le mensonge n'eût peut-être pas réussi.

» Vous étiez Ministre de la Justice du *Triumvirat Brumairien ;* vous avez, en cette qualité, signé l'expédition et sans doute vous n'avez pas ignoré la teneur d'une proclamation signée à cette époque sous le nom de ce que l'on appelait le *Corps législatif*. Vous avez lu cet appel à l'armée : « Soldats de la liberté, *vous poursuivrez le cours de vos victoires ;* vous achèverez la conquête de la paix ! » Est-ce là le langage que l'on adresse à des armées vaincues? ou à des armées victorieuses ?

» Le Corps législatif mentait alors à toute l'Europe ou c'est vous qui mentez aujourd'hui. Votre héros, revenu d'Egypte, n'aurait donc pas ramené lui seul la victoire sous nos drapeaux ? Tout au plus l'y aurait-il trouvée bien affermie. Et croyez-vous d'ailleurs que ce fût un compliment bien flatteur à lui faire quand, pour être vrai aujourd'hui, il faudrait l'accuser d'avoir alors délaissé dans l'Orient une de ces armées vaincues et dans le désespoir ? Ah ! Monsieur Cambacérès, le métier de flatteur fait dire ou faire bien des sottises, convenez-en.

» Cet essai de votre part n'est pas le plus heureux de vos ouvrages immortels.

» *Les finances, le crédit public* en désordre : mais l'étaient-ils moins au départ pour l'Egypte? La cause n'en serait-elle pas même dans cette fatale expédition, due tout entière, comme nous l'avons dit, à l'invention et à la volonté de Bonaparte?

» Cet épuisement prétendu des finances et cette extinction du crédit public n'ôtèrent pas toutefois aux novateurs violents du 18 Brumaire, ni aux entrepreneurs du Gouvernement qui succéda, les moyens pécuniaires et corrupteurs de faire toutes les dépenses extraordinaires qu'un pareil changement nécessitait. On sait assez que le Trésor public, qui s'était fermé pour l'ancien Gouvernement sous la main même des Commissaires de la Trésorerie nationale, s'ouvrit pour le nouveau et qu'il ne se trouva pas vide. Qu'on le demande surtout au commissaire Defermon, l'un des feseurs associés à tous ceux qui parlent aujourd'hui aux pieds du trône.

» Les finances en désordre ! Sont-elles donc actuellement dans un ordre bien florissant ? Oui ! en forçant outre mesure tous les genres de ressources, en introduisant sous le nom de cautionnement la vénalité dans tous les emplois, dans toutes les places, dans toutes les commissions et même dans les offices ministériels : nouveau genre de *paulette*, nouvelle lèpre fiscale qui va croissant de ses propres éléments, et couvre bientôt toutes les parties du corps politique, depuis le percepteur du hameau jusqu'au receveur général de la capitale, depuis le simple commis de l'enregistrement, des douanes ou des droits réunis jusqu'à l'administrateur en chef, et qui n'a pas même épargné le greffier de la *Justice de paix*, *l'huissier ou l'avoué* du moindre tribunal, le notaire ou tabellion de la plus obscure bourgade, en s'emparant encore de la meilleure partie des octrois patrimoniaux des villes, en établissant ou rétablissant les droits les plus odieux : droits sur les tabacs, droits sur les vins et liqueurs, droits sur le cidre et le poiré, droits sur la bière et bientôt sur les sels, car déjà on les essaie dans le Piémont, pays réuni, pour les étendre partout quand on l'osera ; enfin, en ordonnant à tous les Conseils de départements, simulacres de Corps administratifs, d'asseoir sur leurs rôles des centimes additionnels, en forme *d'offrandes* faites au Gouvernement, ce qui, certes, est bien l'équivalent d'impositions arbitraires.

» Si, à ces moyens-là, tient *l'ordre dans les finances*, le Gouvernement détruit le 18 Brumaire les connaissait tout aussi bien que son successeur ; la différence est qu'étant populaire et qu'ayant en horreur les ressources qui tuent la poule pour en avoir les œufs, il ne voulait ni ne devait les employer.

» On a raison de s'en vanter. Les finances sont, en effet, dans le *meilleur ordre*. Bientôt la proportion des dépenses surpassera celle de tous les revenus possibles et l'on verra tous les canaux desséchés pour nourrir un fleuve sans fond et sans rives. Qu'on prenne pour échantillon seulement les centaines de millions que va coûter la nouvelle forme de Gouvernement. Avec cela, le crédit public va se relever d'une manière merveilleuse ! De la pudeur, Monsieur Cambacérès, de la pudeur au moins et dispensez-nous de sonder cette honteuse plaie de votre empire naissant ; craignez avec raison qu'avec vos dignités et vos riches dotations les finances ne tuent l'empire, comme elles ont tué la vieille monarchie qui était encore moins épuisée et moins fastueuse. Attendez seulement la guerre continentale qui paraît encore vous menacer et vous viendrez nous dire des nouvelles de votre crédit brillant et de vos superbes finances. Ah ! veuille bien plutôt le Ciel détourner à jamais de nous ce terrible fléau. La paix est assez coûteuse pour nous ruiner au train que les choses prennent. Et nos colonies sont-elles perdues sans retour ? Le nouveau Gouvernement, qui doit s'en imputer la faute au moins pour la moitié, n'a pas encore senti toute l'étendue de cette perte ; mais que, dès à présent, ses regards se tournent vers notre commerce et la marine ; cet aspect-là aussi est-il brillant ?

» Revenons à M. Cambacérès parlant de l'obscurcissement des idées de *religion* et de *morale ;* c'est peut-être le contraste le plus piquant du discours et de l'orateur. Il ne manquait plus à cet homme-là que de faire le capucin ! On aurait pardonné à Fénelon d'exposer ces maximes ; dans sa bouche, elles auraient eu toute leur pureté. Mais un Cambacérès ! l'homme de France le plus éhonté, le plus connu par son immoralité!... *Risum teneatis.....*

» Tartufe politique ! si tu disais qu'alors toutes les sectes et tous les cultes étaient également tolérés et qu'on n'en salariait aucun des ministres ; si tu disais que l'Etat ne reconnaissait aucune religion dominante parce que toutes veulent dominer l'Etat, qu'aucune superstition n'était privilégiée ; si tu disais qu'un peuple délivré de la tyrannie sacerdotale n'était plus imbu de préjugés, abreuvé du poison de l'imposture ; si tu disais que la France ne professait que le dogme des droits de l'homme et que le culte des devoirs de la société, la Liberté et l'Egalité, idées primitives et fondamentales de la morale publique ; si tu disais que les lois abandonnaient à la Divinité l'empire des consciences pour ne régler que les actions extérieures des citoyens ; si tu disais que telle était la religion et telle la morale d'un grand peuple, tu peindrais à cette époque sa situation, ses mœurs, ses principes. Et à cela il n'y aurait rien d'*obscurci*. Permis à toi de vanter ce que les nouvelles lois ont mis à la place, c'est-à-dire la superstition, l'hypocrisie, un farouche fanatisme et tous les maux de l'ancien régime, qui avaient coûté tant d'efforts à déraciner : une dépense de 30 millions de plus à la charge de l'Etat, et tous les éléments qui doivent ramener l'ignorance et l'abrutissement, quelques principes philosophiques surnageant à peine sur cette mer d'erreurs et d'absurdes croyances.

» Est-ce là la lumière et la morale du peuple ? Oui, quand on veut le rappeler à l'esclavage ! Vous avez bien senti la profondeur de ce mot : « Le trône est sur l'autel ». Vous avez d'abord relevé l'autel, maintenant vous y asseoyez le trône. Prenez-y bien garde : ce qui édifie un pouvoir, très souvent le renverse. Puissiez-vous n'avoir pas à vous repentir un jour de votre machiavélisme.

» Quant à la morale, il n'y en a pas là où la liberté n'est point. Jugez-vous maintenant.

« L'habitude de donner et de reprendre le pouvoir laissait les magistrats sans considération, etc. » Ici, Messieurs, vous êtes tous jugés. Et oui, sans doute, cette amovibilité du pouvoir était ce qui vous blessait. Cette faveur populaire, cette terrible opinion publique qu'il fallait captiver et toujours mériter, étaient pour vous un fardeau insupportable.

» Une tempête politique (la liberté est toujours orageuse) venait subitement renverser une fortune qu'on avait mis tant de soins à élever. Qui de nous eût pu envisager sans frémir cette mer agitée du peuple, où venaient se briser, s'engloutir tant de réputations usurpées, tant de fausses popularités, tant de vertus simulées ? Ah ! il est bien plus doux et plus sûr de composer un *patrimoine* de ce pouvoir public, d'en partager les dépouilles, de créer et de se donner ces dignités perpétuelles, même héréditaires ! Là est la vraie considération du magistrat, dites-vous, et vous avez raison : car c'est lui seul que l'on *considère* désormais. Est-ce qu'il faut s'occuper de ce misérable peuple, trop heureux sans doute que vous ne lui preniez pas encore davantage ? Cependant c'est à lui que tout appartient, et tout vient de lui, quoi que vous disiez ; désirez-donc que le bandeau reste longtemps sur ses yeux. Il vous réduirait en poudre s'il soulevait seulement un de ses bras de géant ! !

**« Votre Majesté a paru ! Elle rap-
» pelle la victoire sous nos drapeaux !**

» Elle a rétabli la règle et l'économie
» dans nos finances. La Nation ras-
» surée par l'usage que vous avez su
» en faire, a repris confiance dans
» ses propres ressources. Votre sa-
» gesse a calmé la fureur des partis :
» la religion a vu se relever ses
» autels : les notions du juste et de
» l'injuste se sont réveillées dans
» l'âme des citoyens, quand on a vu
» la peine suivre le crime et d'hono-
» rables distinctions récompenser et
» signaler la vertu. »

» On devait s'attendre à cette chûte ; il fallait faire contraster ainsi deux époques, dont la dernière devait combler l'éloge du héros : il possède l'art oratoire, notre ami Cambacérès ; il connaît l'effet des oppositions dans les situations. Malheureusement la vérité historique n'est pas plus ménagée dans la seconde partie du tableau que dans la première, en sorte que le tout n'est qu'un fade et dégoutant panégyrique.

» Nous avons déjà fait voir ce que c'était que ce *rappel de la victoire sous nos drapeaux* à l'apparition de l'*Astre oriental*. A peine est-ce le faible mérite de l'y avoir retenu. Encore faudrait-il, pour être juste, faire en tout cela la part de nos généraux. Elle ne laisserait à Bonaparte personnellement que sa bataille de Marengo, bataille que tout le monde ne loue pas du côté de la prudence, mais qu'absout pour la valeur le nom de nos soldats français et expiée surtout par la mort du brave et immortel Desaix !

» *Ton bras succombe*
» *Et sur la tombe,*
» *Brave Desaix,*
» *Vienne signe la paix.*

» Nous avons vu également ce qu'était ce rétablissement de la règle et surtout de l'économie dans les finances. Ç'a été la solution de ce problème : faire croître progressivement les impositions et les taxes à la hauteur des dépenses. On défie bien et Cambacérès, second consul, et Le Brun, son confrère, et Barbé-Marbois lui-même, de prouver une autre science en finances. S'ils avaient su faire décroître les contributions par la diminution progressive des dépenses, on leur permettrait de parler de règle et d'économie, car voilà sans charlatanisme où consiste l'une et l'autre.

» Messieurs les Grands Dignitaires de l'empire, *Vos Altesses* nous prennent-elles pour des buses ? Attrapez notre argent, mais n'insultez pas à notre raison ; si nos bourses sont vides, nos cervelles ne le sont pas. Savoir beaucoup dépenser et beaucoup prendre, voilà votre sublime règle en finances !

» Nous avons vu encore ce que c'était que ces *autels relevés :* piédestal du trône impérial, préparation et retour à l'esclavage, nouvelle charge pour l'Etat, triomphe de l'ignorance et de la stupidité, guerre à la raison et à la philosophie, chemin du despotisme. Ce n'est pas la peine de s'en glorifier.

» Mais il y a plus que de l'impudeur à parler d'une *sagesse qui a calmé la fureur de tous les partis* quand, à côté de la durée de ce Gouvernement, tous les écrits publics, toute la législation criminelle retracent une série épouvantable de *complots*, de *conspirations*, de *machines infernales*, de projets et de tentatives d'assassinats ; quand, aujourd'hui même, on instruit ce fameux procès de quatre-vingts conjurés à la tête desquels on place..., le dirai-je? **Moreau**, oui, le célèbre Moreau lui-même, naguère l'honneur et la gloire du nom français!

» Il faut avec vous, M. Cambacérès, presser un peu peu cet argument. Ou ce sont là des faits réels, des accusations sérieuses, ou ce ne sont que des tours de force de votre admirable police. Choisissez : est-ce le dernier ? Quel affreux Gouvernement ! Venise n'y ferait plus rien. Est-ce le premier? N'avez-vous point de honte de dire à la face de votre idole que sa sagesse a calmé la fureur des partis?

» Soyez une fois du moins d'accord avec vous-même : n'avez-vous pas dit cent fois pour vos raisons, en criant votre dignité impériale héréditaire, qu'il n'y avait que ce moyen de faire tomber tous les poignards des mains des assassins, de désespérer tous les partis? S'ils étaient calmés vous vous retireriez un des plus fermes appuis de la fondation et de la nécessité de l'empire ! Vous n'êtes pas logicien, M. l'*Archichancelier ;* vous n'êtes qu'un plat flagorneur : j'en suis fâché pour l'auteur d'un Code civil.

» *On a vu la peine suivre le crime*, mais cela n'était pas seulement du nouveau règne. La justice était au moins aussi bien rendue sous le Directoire, et quand on ne parlait pas de supprimer les jurés de l'instruction criminelle, et quand on n'avait pas l'impudeur de regretter l'ordonnance de 1670, comme vient de le faire en plein conseil d'état le tribunal de cassation.

» Vous ne prétendez pas sans doute rappeler le *jugement d'Arras, la déportation en masse de nivôse an IX, ni les exécutions secrètes du temps, ni la fusillade de Vincennes?*... etc. Vous êtes trop discret...

» Vous parlez plus à votre aise des honorables distinctions qui *récompensent et signalent la vertu ;* mais vous parlez dans votre cause, et cela n'est pas modeste. Toutes les vertus n'ont peut-être pas, comme la vôtre, à se louer du Gouvernement que vous louez. Plusieurs pourraient élever une voix plaintive, dans l'oubli et le mépris où elles ont été laissées, quelques-unes même, du sein de la persécution qui les poursuit, ce qui ne formerait pas un concert d'harmonie avec votre voix Orphéique ! Mais les vertus se taisent et ne se plaignent pas plus qu'elles ne se vantent ; elles n'assiègent point les bureaux de l'intrigue, elles ne recherchent point de protecteurs titrés : elles n'encensent point les heureux du jour : elles ne rampent point ; elles ne mentent point. Comment voulez-vous qu'elles soient récompensées et signalées ?

» A travers tout cela, je ne vois que votre Légion d'honneur, qui vous reste. Mais vous avez été assez avisé pour ne pas même la nommer. C'est la seule retenue dont on puisse vous savoir gré.

> « Enfin, et c'est là sans doute le
> » plus grand des miracles opérés par
> » notre génie. Ce peuple, que l'effer-
> » vescence civile avait rendu indocile
> » à toute contrainte, ennemi de toute
> » autorité, vous avez su lui faire
> » chérir et respecter un pouvoir qui
> » ne s'exerçait que pour sa gloire et
> » son repos. »

» Voilà du peuple français un portrait qui n'est pas flatté. Une bande de brigands voudrait à peine s'y reconnaître. Que vous a donc fait ce peuple, Monsieur Cambacérès, pour en parler en aussi mauvaise part ?

S'il vous eût rendu justice dans le temps où vous le peignez sous des couleurs si odieuses, aujourd'hui, certainement vous ne l'insulteriez pas; mais alors vous le trompiez. Et vous étiez bien éloigné de le trouver indocile, insoumis, ennemi de toute contrainte. Son plus grand tort était d'être trop confiant et de prendre pour vérités vos belles protestations d'intérêt dans sa cause et vos grimaces de patriotisme. Le voilà bien averti de regarder sous le masque vous et tous ceux qui vous ressemblent...

» On a le malheur de ne pas voir comme lui un *miracle du Génie* dans une chose qui n'est que l'effet naturel et nécessaire d'un pouvoir absolu et qui devait être telle en l'établissant par la force des baïonnettes : en tout cas, si c'est un miracle, le 31 mai et Robespierre en avaient déjà fait un tout semblable ; il n'y a pas là matière à un éloge.

» *L'effervescence civile,* qui avait commencé la Révolution en 1789, était, hélas ! bien usée en l'an VIII, quand Bonaparte revint en France, dégoûté des oignons d'Egypte ; le peuple alors n'était que trop docile. Quelques bandes de brigands et d'émigrés, répandues dans les départements de l'Ouest, ne constituaient plus un état de guerre civile. Quelques brigades de gendarmerie, avec quelques commissions militaires, suffisaient et ont réussi à éteindre les restes languissants de cette longue et terrible guerre de la Vendée, dont **Hoche** avait véritablement tranché le nœud quatre ans auparavant.

» Le pouvoir *brumairien* n'a donc pas enfanté de si grands prodiges : il a resserré les liens de l'autorité, oui, en la concentrant et l'appelant toute dans une main ; il a pressé sur le ressort de l'esprit de liberté ; il a limé toutes les idées démocratiques et montré de loin le terme d'unité où il devait aboutir. Il ne fallait pas un génie, ni des talents bien extraordinaires pour deviner et opérer tout cela : mais c'est ce que n'aurait jamais fait un gouvernement modéré et soumis à sa propre constitution : c'est donc le pouvoir *arbitraire* et sans frein que nous vante ici M. Cambacérès. Oui ! tel est sans *miracle* le pouvoir qui a fondé l'empire de l'an XII, qui n'en est que la confirmation, et l'extension illimitée. Il s'est fait *craindre*, nous en convenons avec l'orateur ; mais *chérir* et *respecter*, c'est autre chose. M. Cambacérès est trop loin du vrai point de vue pour bien juger l'opinion publique. Quant au *repos pour lequel ce pouvoir s'exerçait*, c'est celui de la servitude ; permis à M. Cambacérès de s'éprendre pour ce repos là ; les hommes libres, qui ne veulent ni de **Majesté**, ni d'**Altesse**, préfèrent une certaine agitation qui désespère le despotisme et toutes ces petites grandeurs éphémères.

» Pour dernière analyse, éteindre l'esprit de liberté, qu'on caractérise, sous le nom d'effervescence civile, anéantir l'égalité par la force d'un pouvoir exécutif, voilà ce qui paraît à Cambacérès un *miracle du génie :* voilà ce qu'il appelle le *repos et la gloire d'un peuple.* Découverte admirable ! Rare effet de son imagination !

« Le peuple français ne prétend » point s'ériger en juge des Constitutions des autres états ; il n'a point » de critique à faire, point d'exemple » à suivre ; l'expérience désormais » devient sa leçon ; il a pendant des » siècles goûté les avantages attachés » à l'hérédité du pouvoir : il a fait » une épreuve courte, mais pénible, » du système contraire : il rentre par » l'effet d'une délibération *libre* et

» réfléchie dans un sentier conforme » à son génie ; il use librement de ses » droits pour déléguer à Votre Ma- » jesté impériale une puissance que » son intérêt lui défend d'exercer par » lui-même ; il stipule pour les géné- » rations à venir et, par un pacte » solennel, il confie le bonheur de » ses neveux à des rejetons de votre » race. Ceux-ci hériteront de nos » vertus : ceux-là hériteront de notre » amour et de notre fidélité. »

» Monsieur l'orateur du Sénat ! haranguez pour vous et en son nom, aussi bien ou aussi mal qu'il vous plaira ; mais vous rendre l'organe du **peuple français**, mais lui prêter votre voix et vos accents ! ah ! c'est trop d'effronterie de votre part, et trop d'ignominie pour lui : le peuple français parle plus noblement et d'une manière plus conforme à sa grandeur. Ici, il s'indigne, il vous désavoue et vous rend tous les blasphèmes que vous venez de proférer contre sa majesté. Misérable esclave ! garde toute ta bassesse et ne souille pas de ton souffle impur le beau nom français que tu as abdiqué en cessant d'être libre !

» **Le peuple français**, sans contredit, devait être le modèle de toutes les nations. Sa révolution l'avait élevé à cette hauteur-là. Aucun peuple n'était fait pour se comparer à lui. Il n'était fait pour prendre exemple d'aucun. Mais son astre a pâli ; il s'est éclipsé, et vous le dites vous-mêmes, Messieurs les proclamateurs de l'empire, un astre venu de l'**Orient,** plus grand que l'astre national, a opéré cette occultation !

» Aujourd'hui, en effet, bien loin de n'avoir rien à emprunter de l'exemple des lois des autres peuples, vous l'avez réduit à ce degré d'humiliation, qu'il n'y a pas deux peuples peut-être auxquels ils ne doive porter envie !

» Les Etats-Unis, les Sept-Iles, la Hollande, la Ligurie, la Suisse, l'Angleterre, oui, l'Angleterre, sa plus cruelle ennemie, sont des peuples plus libres que ne l'est le peuple français de l'an XII. Ouvrez maintenant leurs codes, confrontez leurs institutions, comparez leurs gouvernements, soyez de bonne foi, et osez nous démentir. Oh ! quel pas rétrograde vous avez imprimé sur la France. Vous ne l'avez pas même rendue à sa dignité de 1791 !

» Quels sont donc les *avantages attachés à l'hérédité du pouvoir que cette nation a goûtés pendant tant de siècles ?*

» Une succession non interrompue de guerres civiles, religieuses, féodales ; une chaîne sans fin d'oppression, de servitude, de dégradation ; une série de rois imbéciles ou fainéants, quand ils n'étaient pas féroces ou tyrans !

» Est-elle effacée cette histoire de la monarchie, qui n'est qu'un long et affreux tableau de crimes, d'emprisonnements, d'incendies, d'adultères, de débauches, de vexations, d'outrages envers l'humanité ?

» Sont-ils fabuleux ces faits horribles, qui furent déroulés au 14 juillet 1789, au 10 août 1792, au 20 janvier 1793 ? Ah ! vous, Monsieur Cambacérès, et vos collègues, qui, le 27 septembre 1792, proclamâtes l'abolition de l'infâme royauté, qui, au mois de janvier suivant, condamnâtes le dernier de vos rois au dernier supplice, vous fûtes donc bien coupables ! Vous qui promulgâtes la Constitution de 1793, qui acceptâtes au moins celle de l'an III, qui instituâtes et qui avez cent fois prononcé le serment d'exécration à la Royauté, vous avez donc bien trompé ce peuple ! Vous avez donc commis bien des parjures ! Quelle garantie pouvez-vous lui donner de votre sincérité actuelle ? Où est donc la conscience publique ? Où est la sainteté et la religion du serment ?

» Vous, qui encore le 25 brumaire, ayant renversé le gouvernement élevé de vos propres mains, juriez et prescriviez à la France de jurer *fidélité à la République*, fondée sur l'égalité, la liberté, et le système représentatif, vous aviez donc bien peu de mémoire de *tous ces avantages attachés à l'hérédité du pouvoir !* Cependant à cette époque, *la courte, mais pénible épreuve* dont vous parlez était déjà faite.

» A moins que vous ne prétendiez nous prouver aussi qu'un pouvoir héréditaire est dans les vrais principes de l'égalité et un des éléments nécessaires du système représentatif ! Cela serait de votre force, vous qui, célibataire honteux et débauché, ne rêvez que générations, avenir, postérité, arrière-neveux, etc., et qui prétendez faire commencer l'hérédtté par un individu qui ne peut pas même faire naître un héritier de la chair !

» Avouez-le : nous avons quelque sujet de nous étonner que le bandeau qui vous cachait tant d'avantages dans le pouvoir héréditaire, ne soit tombé de vos yeux qu'à l'aurore du 28 floréal an XII. Pardonnez à ce pauvre peuple de ne pas voir encore tout à fait par les yeux de **Votre Altesse**.

» Mais avez-vous pris garde aux conséquences ? En justifiant le pouvoir héréditaire sur les longs avantages de la durée, ne condamnez-vous point très directement ceux qui l'ont détruit ? Et votre héros y a contribué plus qu'un autre peut-être. Cela est embarrassant, il faut en convenir. Vous qui avez fait un beau code civil, vous qui êtes un grand jurisconsulte, comment arrangerezvous vos principes avec leurs conséquences ? Est-ce qu'il vous resterait une arrière-pensée ? Expliquez-vous là-dessus ! L'habitude que vous avez contractée du mensonge et du parjure vous rend très suspect, et Bonaparte est averti de ne pas trop se fier à vous. Dans les mêmes circonstances, vous traiteriez l'*Empereur* comme vous avez traité le *Roi*.

..... *Neque te Argolicà de gente negabis.*

» Monsieur Cambacérès devrait bien nous apprendre comment la peine de naître, de ce qu'il appelle une *Race*, est un droit pour gouverner. Est-il des droits innés, comme il y a des idées innées ? Comment, une génération vivante peut stipuler pour une génération à venir, c'est-à-dire pour le néant : il devrait nous expliquer quel genre d'obligation civile ou naturelle renferme un pareil contrat.

» Il devrait aussi nous expliquer comment ce qu'a fait l'homme qui mérite une nouvelle prérogative, devient l'unique titre de sa possession, et n'est-ce pas en sens contraire de l'hérédité, dont le mérite est précisément de *n'avoir besoin de rien faire ?* La raison politique de l'hérédité est d'une justesse merveilleuse dans ses résultats : elle tend à assurer le bonheur des générations futures ; donc le peuple à venir sera bien plus heureux de recevoir un maître du hasard de la naissance et des écarts de la nature que de le tenir du choix de sa raison et de l'affection de son cœur. Il faut que ces messieurs aient bien médité le sujet et qu'ils aient une connaissance bien profonde de l'art de la formation des embryons impériaux !

» Remarquons pourtant qu'en faisant des vœux ou plutôt en assurant, par une inspiration prophétique, que les héritiers du héros couronné *imiteront ses vertus*, la nature a trahi l'intrépide orateur de l'hérédité : il a donc senti et exprimé malgré lui que c'était aux vertus à mériter le pouvoir et à en justifier l'exercice.

» Que de grâces à rendre à M. Cambacérès pour cette petite distraction ! Désormais, il ne lui en échappera plus.

« Heureux la Nation qui, après
» tant de troubles et d'incertitudes,
» trouve dans son sein un homme
» digne d'apaiser la tempête des
» passions, de concilier tous les
» intérêts et de réunir toutes les
» voix. »

» Plus heureuse cent fois la nation qui, ayant dans son sein un homme digne du pouvoir suprême, trouve un citoyen digne de le refuser. *Concilier tous les intérêts, apaiser toutes les passions, réunir toutes les voix :* cela n'est que la puiss ance de la loi. C'est folie à un homme d'y prétendre. Vérité fondamentale, Monsieur Cambacérès ! qui crie encore au fond de votre conscience, quoi que profère votre bouche aux pieds du trône.

« Heureux le prince qui tient son
» pouvoir de la volonté, de la
» confiance et de l'affection des
» citoyens ! »

» Plus heureux encore, non le prince, mais le citoyen qui, après avoir servi son pays et mérité la reconnaissance publique, se dérobe aux vœux insensés d'une foule adulatrice et intéressée qui veut l'élever aujourd'hui et qui, demain, voudra le renverser ! Heureux le citoyen qui met sa gloire à fuir les honneurs, sa grandeur à chérir l'égalité et qui, de toutes les couronnes, n'ambitionne que la couronne civique. Celui-là est le vrai héros. Entre Aristide et Pisistrate, le choix n'est pas douteux. L'histoire a marqué la place de l'un et de l'autre. Les jugements de l'histoire seront toujours aussi équitables : le passé est la leçon de l'avenir. Vous comparaîtrez à ce tribunal, vous, Cambacérès, avec votre Sénat, et vous aussi Bonaparte ; la voix que je vous fais entendre est déjà celle de la postérité ; elle répétera cette belle sentence de Pline : *« Cui nihil ad » augendum fastigium superest, hic uno modo crescere » potest : si ipse se submittat securus magnitudinis suæ ».*

« S'il est dans les principes de » notre constitution, et déjà plu- » sieurs exemples semblables ont été » donnés, de soumettre à la sanction » du peuple la partie du décret qui » concerne l'établissement d'un gou- » vernement héréditaire, le Sénat a » pensé qu'il devait supplier Votre » Majesté impériale d'agréer que les » dispositions organiques reçussent » immédiatement leur exécution : et » pour la gloire comme pour le » bonheur de la République, il pro- » clame à l'instant même.

» NAPOLÉON, EMPEREUR DES FRANÇAIS. »

» *S'il est dans les principes de notre Constitution,* l'orateur hésite et n'ose pas trop affirmer sa proposition : ce n'est pas sa faute. Où est-elle, en effet, cette

Constitution? et où sont ces principes qu'on ait vus résister à un Sénatus-Consulte organique? car voilà le mot magique: avec lui et par lui, les plus étranges renversements sont la chose la plus aisée. C'est la source de toutes les métamorphoses; en voici des exemples :

» La Constitution de l'an VIII créait un Consulat décennal électif;

» La Constitution de l'an VIII créait un Tribunal de cent membres;

» La Constitution de l'an VIII créait un Sénat inéligible à toute fonction ;

» La Constitution de l'an VIII créait des Juges de paix de trois ans, etc., etc.

» Le 16 Thermidor an X, le Sénat rêve un décret organique *qui fait des juges de paix de dix ans, qui appelle les sénateurs à toutes les fonctions, y compris le consulat, qui mutile le tribunat à la moitié de ses membres, qui rend le consulat perpétuel, même avec la faculté de se désigner un successeur.*

» Le 28 Floréal an XII, c'est bien plus fort : le Sénat a conçu *l'hérédité et la dignité impériale.* Elles vont éclore et c'est la proclamation *organique* que vous venez d'entendre.

» Etonnez-vous, après cela, que l'illustre Cambacérès, *déconsulisé,* doute s'il est dans le principe de la Constitution de consulter le peuple sur l'hérédité ! Cependant le doute va cesser : le secours des exemples rend le calme et l'assurance à l'orateur.

» Il est décidé, peuple français, que tu voteras sur l'hérédité et qu'on en tiendra registre! Réjouis-toi. Tu diras ce que voudront, ce que penseront les arrière-neveux et les générations des générations! Voilà certes un beau privilège, et jamais on ne t'accorda un pouvoir si étendu. Mais il ne faut pas dire *non,* car alors on établirait en principe qu'on peut bien se passer de toi. Cela ne coûterait guère à ceux qui doutent si on doit même te consulter.

» Quant à l'Empereur vivant, il faut bien, à plus forte raison, que tu le prennes tout fait, de la main du Sénat. Pourquoi cette différence? Ah! c'est que les peuples n'aiment pas à faire des empereurs. Ces choses-là sont divines et elles descendent du Ciel en droite ligne par une disposition organique: l'organe géniteur de l'empire est dans le Sénat et n'est que là, M. Cambacérès l'a dit et, sur ce point, il n'a pas hésité.

» *Cet oracle est plus sûr que celui de Calchas.*

» A genoux, peuple *régicide !* A genoux, peuple *bourreau* de Capet! Salue ton empereur. Napoléon t'absout de la mort de Louis: le sceptre brille dans ses héroïques mains; le Ciel et la terre sont vengés. Ainsi finit ton histoire et la Révolution est reléguée parmi les rêves de l'esprit humain!.....

RÉPONSE DE NAPOLÉON

« Tout ce qui peut contribuer au
» bien de la patrie est essentiellement
» lié à mon bonheur. »

» Langage hypocrite de tous les ambitieux! Opprimer leur pays, asservir les hommes, voilà ce qu'ils appellent le *bien de la Patrie.* L'exemple d'un usurpateur est l'histoire de tous les autres; mais depuis longtemps ces paroles mielleuses ne trompent plus personne. Malheureusement telle est la pente des esprits vers la servitude que, toujours déçus par des promesses fallacieuses, ils se laissent toujours imposer le joug. Alors il aurait mieux valu ne l'avoir pas brisé que d'y retourner si docilement. Oh! peuple français, peuple léger, amateur de la nouveauté, jusqu'à quand la leçon de l'expérience sera-t-elle perdue pour toi? Non! tu n'as jamais été digne de la liberté! Tu avais juré la mort de quiconque tenterait de te donner des fers: aujourd'hui tu les reprends à genoux et tu baises la main qui t'en charge, *toi* et ta postérité!

« J'accepte le titre que vous croyez
» utile à la gloire de la Nation. »

» Juste appréciateur de cette gloire, Bonaparte, tu devais dire: Je refuse les titres que vous m'offrez; déjà j'en ai un assez grand pour m'en contenter: je suis aussi moi citoyen de la grande nation. L'égalité est le principe immuable de l'ordre social: vous outragez la dignité de l'homme en me présentant un titre qui me suppose plus grand que tous mes concitoyens ensemble. Il ne vous appartient pas de disposer de la souveraineté nationale. Toute la nation assemblée, s'il était possible qu'elle s'assemblât ici, me ferait la même offre, que je devrais la refuser encore, parce qu'elle ne peut perdre ni aliéner sa souveraineté et parce qu'un seul ne peut posséder ce qui appartient à tous: c'est la chose que tous ne peuvent donner et la chose que nul ne peut recevoir.

» Ce qui est *utile à la nation*, ce qui constitue sa véritable *gloire*, c'est qu'elle soit libre et souveraine, c'est qu'elle n'ait pour maître et pour modérateur suprême que sa propre loi ou la volonté générale, toujours exprimée au moins par des représentants sans cesse éligibles et éternellement révocables; ce que vous voulez faire transformer en droit personnel, en propriété héréditaire, ce qui, de sa nature, répugne à ces idées. Portez-donc ailleurs vos dons empoisonnés et vos vœux insensés.

« Je soumets à la sanction du peuple
» la loi de l'hérédité. »

» A la sanction du peuple! mais une telle sanction est impossible, elle deviendrait un fait positif et constant aujourd'hui que, demain, elle serait annulée par le droit *inaliénable* de la révoquer. Supposez que les individus dont se compose la génération actuelle aient exprimé leur assentiment de la manière la plus libre et la plus universelle; avant cinquante ans n'est-il pas vrai que la moitié au moins des hommes qui avaient concouru à ce contrat extraordinaire n'existerait déjà plus? Il faudrait donc redemander le consentement de cette nouvelle moitié de la société.

» Direz-vous non? Vous voilà en contradiction avec vous-même, car la génération présente n'aurait pas le droit de sanction ou la génération future aura le même droit. La génération passée avait sanctionné un autre gouvernement, une autre hérédité; pourquoi reconnaissez-vous à celle qui existe le droit d'anéantir le contrat de ses pères? Les enfants n'auraient pas ce droit si la volonté antérieure était obligatoire, irrévocable à leur égard. Nous, qui vivons aujourd'hui, étions alors la postérité de ceux-là; nous, qui vivons aujourd'hui, serons les pères de la génération future; cette chaîne est indivisible. Si donc il est prouvé par là que la sanction de nos pères ne nous a pas liés et que nous changeons par notre droit, ce qu'ils avaient établi, nos enfants certainement pourront changer ce que nous sanctionnons nous-mêmes. Quelle absurdité donc qu'une sanction future et un pouvoir héréditaire! En un mot, la violation même du contrat de nos ancêtres est la garantie qu'on veut nous faire donner de l'inviolabilité d'un contrat pareil envers nos descendants : n'est-ce pas un véritable délire ?

» Bonaparte ! tu peux soumettre à la sanction du peuple tout ce qu'il te plaira, mais n'oublie jamais l'exemple et la fin de l'homme dont tu prends aujourd'hui la place ! Voilà la sanction des siècles et de l'éternelle justice !!.....

« J'espère que la France ne se
» repentira jamais des honneurs dont
» elle environnera ma famille. »

» Ce n'est pas assez d'une *espérance ;* ce n'est pas assez même d'une promesse : il n'y a qu'incertitude dans l'une et dans l'autre et un tel contrat est assez important pour demander une garantie, une assurance positive. Le vice radical se fait donc sentir ici et ne peut être dissimulé par celui-là même qui voudrait justifier son acceptation. Ce sont de vains efforts, des désirs sincères peut-être, mais des désirs stériles et sans appui. Voilà ce qui arrive quand on veut pallier une vérité irrésistible au cœur de l'homme.

» Voilà le jugement de l'hérédité prononcé par son propre instituteur. Telle est la force des principes éternels et vrais comme la nature. On les transgresse, mais on ne peut se taire et la conscience rebelle du transgresseur les avoue alors même que son ambition les foule aux pieds !

« Dans tous les cas mon esprit ne
» sera plus avec ma postérité le jour
» où elle cesserait de mériter l'amour

» et la confiance de la grande
» Nation. »

» Confirmation, développement de la même vérité ! Cri redoublé de la conscience contre l'absurde hérédité ! Mais eût-il voué à l'exécution cette *postérité qu'abandonnerait son esprit,* les maux que la nation en souffrira seront-ils moins réels ? L'hérédité, vicieuse dans tous ses effets, comme injuste dans ses principes, en aura-t-elle moins mis une nation généreuse, aimante, avide de gloire et de bonheur, une nation surtout bien innocente des erreurs ou des vices de ses pères, sous le joug d'un maître imbécile ou d'un tyran féroce, ou d'un sardanapale honteux ! Que devrait-elle faire alors, cette nation que vous appelez grande, et qui méritait naguère de porter ce titre ? Vous ne le dites pas, Napoléon premier ! Souffrir sans doute et souffrir sans se plaindre ? Telle peut être votre pensée ; mais non. Elle secouera le joug de vos indignes successeurs, comme elle a brisé celui de vos devanciers. Voyez alors où conduit votre sublime théorie : à mettre le peuple dans la nécessité et l'état habituel de l'insurrection. Bel apanage de votre postérité s'il faut que le bonheur de 30 millions d'hommes dépende de votre esprit ! Quelle garantie avez-vous à donner qu'il vous survivra ? Quelle garantie même donneriez-vous que l'esprit qui vous anime aujourd'hui vive autant que vous ? Vous ne connaissez donc pas le poison d'un grand pouvoir ? ne vous enivrera-t-il jamais ? ne vous corrompra-t-il point ?

» Si vous ne pouvez assurer que votre postérité vive *avec votre esprit,* uniquement pour le bonheur de la nation, ne stipulez pas pour vos héritiers et ne jurez que pour vous. L'hérédité n'a aucun des caractères qui rendent un contrat valable : c'est-à-dire le double lien, l'obligation mutuelle et l'exécution certaine, et c'est elle que vous allez soumettre à la sanction du peuple ! Il doit la rejeter par la seule force de la raison et par l'intérêt de son bonheur, par respect pour les droits de ses descendants, et par l'instabilité des vôtres qui n'existent pas. Si vous lui en saviez mauvais gré, si vous l'en punissiez, vous marqueriez votre place dans l'histoire de tous les tyrans !

» Le ciel garde un grand homme d'un tel opprobre !!

» Fait en prairial, an 12, pour demeurer dans mon portefeuille en attendant la liberté. »

Nantes. — Imp. Mellinet, Place du Pilori, 5. — Biroché et Dautais, Succrs.

www.ingramcontent.com/pod-product-compliance
Lightning Source LLC
LaVergne TN
LVHW010045230826
846091LV00005B/1874

* 9 7 8 2 0 1 3 4 9 0 8 5 6 *